HIDDEN CREATURES

VERBORGENE WESEN

Michael Schneider

SETONTOT

TÖDLICHE KREATUR IN DEN WÄLDERN INDONESIENS

Twilight-Line Medien GbR
Redaktion Kryptozoologie
Obertor 4
98634 Wasungen
Deutschland

www.twilightline.com
www.kryptozoologie.net

1. Auflage, März 2016
ISBN 978-3-96689-092-2

INHALT

DORT IST ETWAS IN DEN WÄLDERN

Der Holzfäller Numar Poon, ein neunundzwanzigjähriger Bewohner der nördlichen Provinz *Sumatra Utara* (Nordsumatra), war an diesem sonnigen Tag mit einigen anderen Waldarbeitern nördlich der Stadt *Kota Medan* im Regenwald unterwegs, um einen Auftrag zu erledigen. Der Tag hatte erst begonnen, es war noch recht zeitig am Morgen, ideal für schwere Arbeiten, bevor die schwüle Mittagshitze losbricht. Man war aufgebrochen, um einige besonders gute Stämme zu finden, die dem Auftraggeber entsprechend wertvoll waren. Und man wurde recht bald fündig, schließlich kannte man die Gegend und deren Bäume sehr gut.

Poon nahm seine Geräte vom Lastwagen und ging ein Stück weit in den Wald, nicht sehr weit vom holprigen Waldweg entfernt, über den die Männer kamen. Auch seine Begleiter begannen ihre Materialen zu packen und sich vorzubereiten, um Poon bei der Arbeit zu unterstützen. Er war etwa dreißig bis vierzig Meter von seinen Begleitern entfernt und musterte die Bäume, als er ein Rascheln neben sich vernahm. Vorsichtig blickte er sich um, immerhin musste man immer mit Begegnungen wilder Tiere rechnen, die hier in den Wäldern leben. Von Tigern und anderen Raubkatzen, über giftige Spinnen, Giftschlangen, Warane, bis hin zu Bären und riesigen Pythonschlangen bietet die Fauna des indonesischen Regenwaldes ein breites Spektrum an potentiell gefährlichen Tieren. Poon war sich dessen durchaus bewusst, er hatte in der Vergangenheit bereits etliche Begegnungen mit wilden Tieren, auch wenn diese es vorzogen sich von den Menschen so weit wie möglich fernzuhalten. Das Rascheln schien von keinem besonders großen Tier zu stammen, vielmehr klang es, als ob sich etwas am Boden im Unterholz bewegte. Gerade als Poon jedoch einen Schritt nach hinten machen wollte, um das Tier nicht unnötig zu provozieren, sprang es ihn ohne Vorwarnung von unten heraus an. Er konnte nur noch einen kurzen Schreckensschrei von sich geben, bevor er nach hinten wegsackte.

Zwei seiner Begleiter hörten seinen kurzen Aufschrei und folgten ihm in den Wald. Sie waren innerhalb eines kurzen Zeitrahmens bei Poon, zwischen dem Aufschrei und der Ankunft lagen höchstens zwei Minuten, in denen Poon jedoch nicht auf die Rufe der Männer antwortete, so dass diese ihn erst einmal im dichten Wald suchen mussten. Als diese bei Poon ankamen, bot sich ihnen ein Bild des Schreckens. Er lag blutüberströmt auf dem Rücken, seine Brust wies tiefe Wunden auf, aus einer klaffenden Wunde am Hals pulsierte das Blut. Verzweifelt versuchten die Männer die Blutungen zu stoppen, in dem diese den Stoff ihrer Kleidung auf die blutenden Wunden pressten, doch für Poon gab es keine Rettung mehr. Er verstarb nach wenigen Minuten an diesem Ort. Von jenem Wesen, das ihm die tödlichen Wunden gerissen hatte, fehlte jede Spur.

Dieser Fall, der sich im Jahr 1999 ereignete, wie mir berichtet wurde, ist nicht der einzige Fall dieser Art. Immer wieder gehen Menschen in den Wäldern Indonesiens und Malaysias verloren, einige verschwinden für immer, andere werden mit schrecklichen Wunden gefunden. Tödliche Wesen lauern tief in den Wäldern, deren Opferzahlen nicht einmal exakt nachvollziehbar sind.

Seit Jahrhunderten wird über solche Angriffe berichtet, deren Verursacher nicht bekannt sind. Unter der Bevölkerung spricht man vom *syaitan hutan*, dem Teufel des Waldes.

Während des Zweiten Weltkriegs gehörten die malaiische Halbinsel und Indonesien zur sogenannten *Großostasiatischen Wohlstandssphäre* des japanischen Kaiserreichs und waren mit japanischen Truppen besetzt. Auch unter den Japanern gab es ähnliche Fälle, in denen Soldaten mit tödlichen Wunden in den Wäldern gefunden wurden. Die japanischen Soldaten nannten jenes Wesen, das man für die Todesfälle verantwortlich machte, *Ki no seirei*, was so viel wie *Geist der Bäume* bedeutet. Man fürchtete sich davor, Opfer dieses Geistes zu werden, der tödliche Wunden setzte. Es schien keine Überlebenden dieser Angriffe zu geben, ohne Vorwarnung wurden die Soldaten Opfer dieser Kreatur.

Unter den japanischen Besatzungssoldaten erzählte man sich, dass der *Ki no seirei* aus dem Nichts aufspringt und gezielt und schnell einzelne Männer tötet, um dann wieder im Nichts zu verschwinden. Die Opfer sollen weder davongeschliffen noch gefressen worden sein. Charakteristisch wird nur genannt, dass die Wunden im Kopf- und Oberkörperbereich geschlagen werden. Zeugen, die in der Nähe eines solchen Angriffs standen, wollen nur einen schnellen Schatten gesehen haben, der blitzschnell zuschlug und wieder verschwand. Detaillierte Beschreibungen sind nicht überliefert.

Man sollte natürlich bedenken, in welchem Umfeld diese Soldaten ihren Dienst fern der Heimat verrichteten. Konfrontiert mit dem Dschungel, dem dichten äquatorialen Regenwald, stetig gefährdet durch wilde Tiere. Unfälle und Zwischenfälle mit Wildtieren waren keine Seltenheit, Todesfälle waren aufgrund der Umstände vorprogrammiert. Alleine durch Giftschlangen verloren die japanischen Streitkräfte in Südostasien hunderte Männer im Laufe des Krieges.

Faszinierend werden diese Geschichten über tödliche Waldgeister und Monster in den südostasiatischen Wäldern, wenn man auf die Legenden und Erzählungen der Ureinwohner, den *Orang Asli* (malaiisch *orang*: „Mensch"; *asli*: „original" oder „ursprünglich") blickt. Eben jene Ureinwohner kennen eine Vielzahl solcher Geschichten, die einem bösartigen Wesen zugeschrieben werden, das in der Legendenwelt der malaiischen Halbinsel, auf Sumatra, Borneo und den Inseln der Karimata-Straße unter dem Namen *Setontot* existiert.

Sowohl der *Teufel des Waldes* als auch der von den Japanern gefürchtete *Geist der Bäume* entsprechen jenem Wesen, das laut den Ureinwohnern dieser Gebiete unter dem Namen *Setontot* bekannt ist. So wird erzählt, wer auch immer einem Setontot im Wald begegnet, der ist des Todes. Der Setontot lauert unerkannt und versteckt am Boden (in einigen Erzählungen lebt er im Boden), doch sobald man sich seinem Versteck nähert, springt er hervor und fügt grässliche Wunden zu. Wer vom Biss des Setontot getroffen wird, soll innerhalb von Sekunden sterben. In den Geschichten wird weiter erzählt, dass dieses Wesen zwischen eineinhalb und zwei Meter groß sein muss, daher vor allem Verletzungen im oberen Körperbereich (Kopf und Brust, Arme) verursacht. Nach dem Angriff verschwindet der Setontot spurlos.

Fasst man die Erzählungen über den Setontot zusammen, will kein lebender Mensch jemals einem solchen Wesen begegnet sein. Man erzählt die Geschichten vor allem Kindern, dass diese sich vor den dunklen Wäldern hüten sollen, da dort der Setontot lebt. Im Prinzip also eine Schreckensfigur, wie bei uns z.B. der Schwarze Mann. Und im Prinzip verständlich, will man die Kinder etwas ängstigen, damit diese nicht unbeaufsichtigt in die Wälder gehen, wo es eine Vielzahl tödlicher Gefahren (Raubkatzen, Giftschlangen, Riesenpythons, usw.) gibt, denen Kinder leicht zum Opfer fallen. Doch sind dies wirklich nur Schreckgeschichten?

DER LEBENSRAUM

Während meiner Recherchearbeiten zur kryptozoologischen Themenreihe *Hidden Creatures* stellte sich der Setontot als problematischer heraus, als dies gedacht war. Die Schwierigkeiten begannen bereits im Jahr 2006, nachdem im Endau-Rompin Nationalpark, der im westlichen Malaysia liegt, große Fußspuren eines zweibeinigen Wesens namens *Orang Lenggor* gefunden wurden und es eine Sichtungswelle gab, bei der eine große, menschenähnliche Kreatur mit langen Haaren die malaiische Bevölkerung in Angst und Schrecken versetzte. Der *Orang Lenggor*, besser unter dem Namen Malaiischer Bigfoot bekannt, wegen der Ähnlichkeit der Beschreibungen und der Spuren zum amerikanischen Gegenstück, wurde damals mit einer großangelegten Suchaktion gejagt. Die Suche nach dem *Orang Lenggor* blieb jedoch ohne Erfolg. Außer ein paar Spuren und Beschreibungen dieses Wesens konnte kein Erfolg verzeichnet werden, der die Existenz des Wesens bestätigt.

Nach Vermutungen handelt es sich beim *Orang Lenggor* um einen zwei bis drei Meter großen Primaten, der sehr scheu ist und extrem verborgen vor dem Menschen in den Wäldern Malaysias lebt. Die Vermutungen über dieses Wesen reichen dabei von einer neuen, größeren Art des Orang Utan (Pongo pygmaeus), bis hin zu einer Reliktpopulation des als ausgestorben geltenden Riesenaffen Gigantopithecus (Gigantopithecus blackii), der möglicherweise noch auf der malaiischen Halbinsel in den Wäldern dem Aussterben entrinnen konnte. Definitive Beweise gibt es für diese Theorien jedoch nicht.

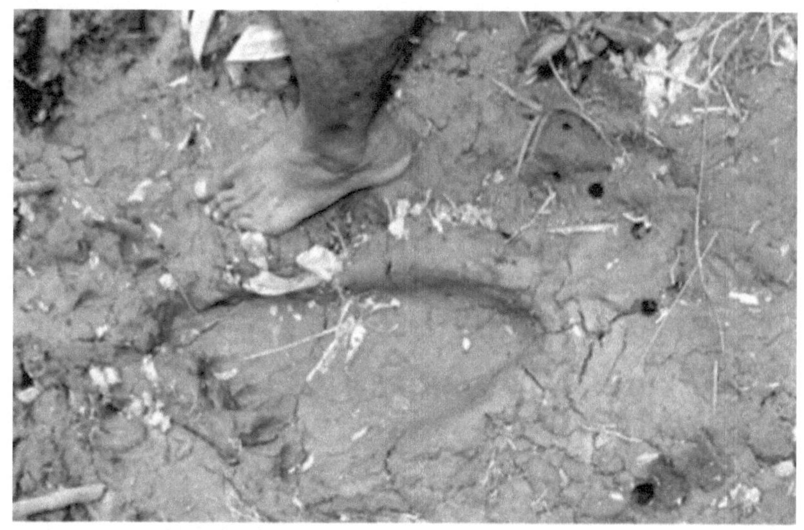

Spur des Orang Lenggor (Archivfoto: Tay Teng Hwa)

Während der Spurensuche im Jahr 2006 wurde eine großangelegte Befragung der Ureinwohner durchgeführt, die jedoch nicht nur Hinweise auf den Orang Lenggor ergab, sondern auch zu mehreren Berichten über ein anderes Wesen führte, das in den Wäldern haust und in jüngster Vergangenheit mehrere Menschen angegriffen haben soll. Die Menschen nennen dieses Wesen ehrfurchtsvoll *Setontot*, den Mörder am Boden.

Sehr viele Details waren jedoch nicht in Erfahrung zu bringen, außer dass eben jener Setontot einige Menschen getötet haben soll. Eine erweiterte Beschreibung, wie dieses Wesen aussehen soll, führte zu keinem konkreten Ergebnis, das Wesen wurde allenfalls als Schatten beschrieben. Wer ihm zu nahe kam und diesem begegnete, der war des Todes. Direkte Augenzeugen fanden sich keine, die eine Identifizierung ermöglicht hätten.

Allerdings sorgten die Vorfälle dafür, dass man sich intensiver mit dem Setontot befasste. Auch ich selbst führte damals bereits Korrespondenz[1] mit beteiligten Personen und Reportern vor Ort, doch am Ende konnten keine konkreten Anhaltspunkte gefunden werden, die ein wenig Licht hinter die Geschichten um dieses Wesen bringen konnten. Allerdings ließ sich durch die damaligen Folgeuntersuchungen das Verbreitungsgebiet der Geschichten über den Setontot eingrenzen, quasi jener Lebensraum, in dem man dem Setontot begegnen konnte. Und genau hier beginnt die Geschichte wirklich interessant zu werden, denn die Geschichten waren nicht im ganzen südostasiatischen Raum zu finden, sondern beschränkten sich auf bestimmte Regionen. Zwar immer noch ein gewaltiges Gebiet, aber eingrenzbar. So ließ sich eine möglichst exakte Karte des Verbreitungsgebietes erstellen, zu dem der mittlere und südliche Teil der malaiischen Halbinsel, die Inseln Borneo und Sumatra zählen, sowie einige kleinere Inseln vor der Küste Sumatras. Nicht jedoch weiter südlich. Zwar sind auch aus anderen Regionen Indonesiens, zu denen die Inseln Sumatra und Borneo gehören, Geschichten über den Setontot geläufig, jedoch wurden von dort keine Angriffe auf Menschen berichtet. Das Zentrum, quasi das Hauptverbreitungsgebiet der Geschichten, liegt im nördlichen Teil der indonesischen Insel Sumatra. Dies sollte für die weitere Ermittlung auf der Spur des mörderischen Setontot ein wichtiges Kriterium sein.

Basierend auf diesen Daten, kann man die Topografie des bestimmten Lebensraums besser erfassen und die regionale Flora und Fauna mit einbeziehen, sofern diese bekannt sind. Auch heute noch werden in den Wäldern dieser Gebiete neue Tier- und Pflanzenarten entdeckt.

---

[1] Artikel im Magazin „Der Kryptozoologie-Report" Nr. 2, Ausgabe 2/2006

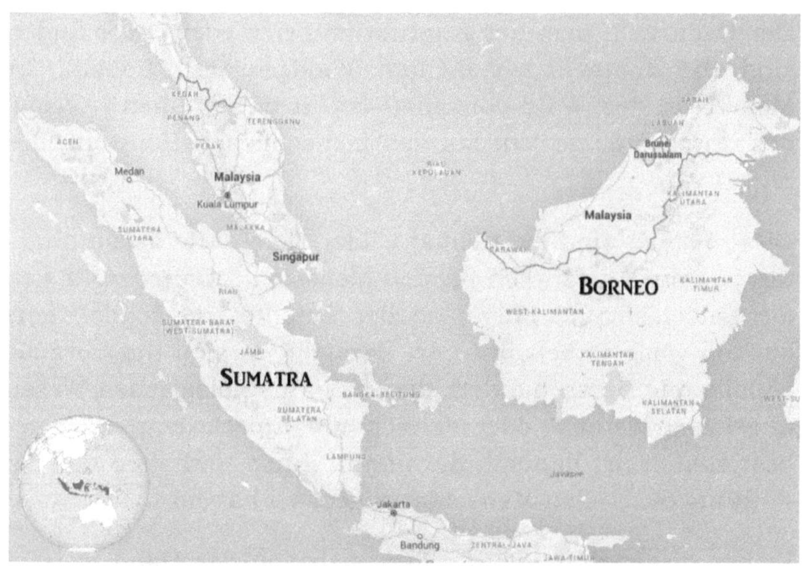

Das Verbreitungsgebiet (Malaysia, Sumatra und Borneo)

Auf der Insel Java und im nördlichen Teil von Papua-Neuguinea, die ebenfalls zu Indonesien gehören, verliert sich die Spur des Setontot.

Dieser eingegrenzte Lebensraum ist vor allem für seine überwältigenden Regenwälder und die reiche Tier- und Pflanzenwelt berühmt. Aber auch dafür, dass der Mensch dort Raubbau an der Natur führt, so dass etliche Arten an den Rand der Ausrottung gedrängt wurden, wie etwa das Sumatra-Nashorn, der Orang Utan, der Sumatra-Tiger oder der Sumatra-Elefant. Große Teile wurden im Jahr 2004 zum UNESCO-Welterbe erklärt und unter Schutz gestellt.

Diese Wälder bergen auch heute noch so manches Geheimnis, unbekannte Arten und sind Rückzugsgebiete für die letzten Exemplare ihrer Art. Auch wenn von den ehemals majestätischen Wäldern heute nur noch Teile existieren, die der Rodung und der Industrialisierung entgehen konnten.

Der Radius, in dem der Setontot immer wieder Opfer findet, sind die immer noch dichten Waldgebiete. Sobald der Mensch in den Wald vordringt, betritt dieser einen Bereich, der durch Mächte jenseits des menschlichen Kontrollfeldes regiert wird.

Diese Wälder sind die Heimat wilder Tiere, viele davon ohnehin potentiell gefährlich für den Menschen. Daher stellt sich die entscheidende Frage, ob der Setontot tatsächlich eine bislang völlig unbekannte Art darstellt, es sich um normale Unfälle mit Tieren handelt, die einem mythologischen Wesen angelastet werden, oder es sich um Einzelexemplare einer bestimmten Art handelt, die sich in ihrem Verhalten der Bedrohung durch den Menschen angepasst haben.

Keiner dieser drei Punkte lässt sich von der Hand weisen, wenn man die berichteten Geschichten über Angriffe auf den Menschen betrachtet und die Optionen der möglichen Angreifer durchgeht. Auf den kommenden Seiten werden wir uns daher auf Spurensuche begeben und die einzelnen Möglichkeiten näher betrachten, um dem Geheimnis des Setontot auf den Grund zu gehen.

SPURENSUCHE

Basierend auf der Eingrenzung des möglichen Verbreitungsgebietes und des Lebensraumes, in dem die Zwischenfälle mit dem Setontot bekannt sind, können wir uns auf Spurensuche nach dem Hintergrund der Geschichten und Legenden begeben.

Neben dem eingrenzbaren Lebensraum, der sich auf die großen und dichten Regenwaldgebiete Sumatras, Borneos und der malaiischen Halbinsel beschränkt, gibt es noch weitere wichtige Anhaltspunkte.

Laut den Beschreibungen besitzt diese Kreatur eine geschätzte Größe von mindestens 1,50 bis etwa 2,50 Meter. Eine Begegnung mit dem Setontot endet tödlich, bedingt durch ausladende Wunden, die im heißen tropischen Klima schnell zum Verbluten führen. In einigen Legenden wird zudem davon gesprochen, dass der Biss des Setontot tödlich ist, wer auch nur gebissen wird, verstirbt innerhalb weniger Augenblicke. Aufgrund dieser Merkmale, lassen sich mögliche Tiere eingrenzen. Diese Eingrenzung beinhaltet alle bislang bekannten Tiere in diesem Lebensraum, aber auch Wesen, von denen es durchaus Beschreibungen gibt, die jedoch wissenschaftlich nicht erfasst und bestätigt werden konnten und eher im Bereich der Kryptozoologie[2] und Mythologie zu suchen sind. Der Setontot selbst stellt eine kryptozoologische Entität dar, ein sogenannter Kryptid, dessen Bekanntheit kaum über seine Verbreitungsregion hinaus gekommen ist.

---

[2] Die Studie der vor dem Menschen verborgenen Tierwelt

So können wir vorab alle Tiere aus der Liste der Verdächtigen streichen, die weder über die nötige Körpergröße verfügen oder potentiell tödliche Krallen oder Zähne besitzen. Auch bei Gifttieren, wenn wir davon ausgehen dass auch der Biss des Setontot tödlich ist, wie dies in einigen Erzählungen erwähnt wird, sinkt die Zahl der bekannten Verdächtigen rapide, wenn man die nötige Größe bedenkt. Übrig bleiben einige wirklich potentiell gefährliche Tiere, die in diesem Lebensraum heimisch sind, sowie einige Kryptiden, die in diesem Lebensraum vorkommen sollen. Ob der Setontot hier reale Hintergründe besitzt oder eine Beschreibung eines Wesens darstellt, das auch unter anderen Namen bekannt ist, lässt sich somit wesentlich besser eingrenzen, als wenn man von vornherein davon auszugehen versucht, dass es sich beim Setontot tatsächlich um ein bislang völlig unbekanntes Tier handelt. Sollte keine naheliegende Erklärung gefunden werden, verdichtet sich erst die Indizienkette dahingehend, dass wir es hier mit einem gänzlich unbekannten Wesen zu tun haben.

Um diese Möglichkeiten besser zu bewerten, beginnen wir während der kryptozoologischen Spurensuche damit, die Verdächtigen hinter dem Mythenwesen Setontot zu begutachten. Vor allem der Blick auf die Wahrscheinlichkeit einer Übereinstimmung der Merkmale ist das grundlegende Kriterium, dem wir uns zuwenden. Je mehr übereinstimmende Kriterienpunkte zu den Beschreibungen, desto höher die Wertung eines Kandidaten.

Andere potentiell gefährliche und tödliche Tiere, wie etwa große Pythonschlangen, Asiatischer Elefant, giftige Insekten und Spinnentiere, die ebenfalls im eingegrenzten Lebensraum vorkommen und für Tötungen von Menschen bekannt sind, jedoch nicht die beschriebenen Indizien und Merkmale nach den Beschreibungen aufweisen, bleiben bei der weiteren Spurensuche unbeachtet. Obwohl diese Tiere Menschen töten können, passen deren Merkmale definitiv nicht in das Muster, das hinter den Angriffen des Setontot steht.

Nachdem wir nunmehr das Muster kennen und einige potentiell gefährliche Tiere von der Liste der Verdächtigen streichen konnten, verbleiben im aufgezeigten Lebensraum einige Kandidaten, die wir nun zusammenfassen.

Unser Hauptverdächtiger, der fast alle Eigenschaften des Setontot in sich vereint, einmal vom giftigen Biss abgesehen, ist heute ein seltener Vertreter der südostasiatischen Fauna. Dennoch steht er auf der Liste der Verdächtigen an erster Stelle, da auch Angriffe des mythischen Setontot eher selten sind. Der Tiger kommt im Kerngebiet des Setontot heute noch mit zwei lebenden Vertretern vor, ehemals gab es im südostasiatischen Raum noch weitere Unterarten, die jedoch heute als Ausgerottet/Ausgestorben[3] gelten. Auf der malaiischen Halbinsel gibt es heute noch kleine Bestände des Malaiischen Tigers, während auf Sumatra die etwas kleinere Unterart des Sumatratigers heimisch ist. Beide sind stark gefährdet, besitzen jedoch noch Populationen von mehreren hundert Exemplaren. Ehemals gab es auch auf Java, der nächstgrößeren Insel südlich von Sumatra in Indonesien, eine eigene Population des Javatigers, doch dieser gilt seit den 1970er Jahren als vom Menschen ausgerottet. Allerdings sind aus Java in heutiger Zeit keine Angriffe des Setontot verzeichnet, was den Tiger noch weiter in der Liste der Verdächtigen als Hauptverdächtigen prädestiniert.

---

[3] Ausgerottet: Durch den Einfluss des Menschen vernichtet, während beim Aussterben natürliche Ursachen ausschlaggebend für das Verschwinden sind.

Tiger (Panthera tigris)

Als größte südostasiatische Raubkatze mit einer Körperlänge (Kopf und Rumpf, ohne Schwanz gerechnet) von rund 150 Zentimetern, einer enormen Kraft, gewaltigen Pranken mit scharfen Krallen und einem mächtigen Gebiss, ist der Tiger hervorragend für einen tödlichen Angriff ausgestattet. Einen Tiger, der sich im dichten Unterholz des Regenwaldes verbirgt, kann man leicht übersehen, da seine Tarnung im Schatten mit dem Hintergrund verschmilzt.

Im Normalfall tötet ein Tiger jedoch keine Menschen, sondern verbirgt sich vor diesen und ergreift die Flucht. Allerdings gibt es bei diesen Raubkatzen auch Ausnahmen, gerade alte und schwache Tiere, die während der normalen Jagd weniger Erfolg haben, können im Menschen eine leichte Beute sehen und werden zu den gefürchteten Menschenfressern. Diese Menschenfresser sind jedoch Ausnahmen und beinahe standorttreue Serientäter. Hingegen der Setontot frisst laut Beschreibungen nichts von seinen Opfern, dieser tötet und verschwindet spurlos im Wald. Allerdings ist dies kein Entlastungspunkt für den Tiger, denn sein natürliches Verhalten verfügt, wie bei fast allen anderen Tieren auch, über einen Verteidigungsinstinkt. Fühlt sich das Tier bedroht und sieht keinen Ausweg, wird es instinktiv angreifen, um dann die Flucht zu ergreifen. Ein durchaus sehr reales Szenario wäre, dass ein Mensch durch den Wald läuft, wo sich ein Tiger im Unterholz vor diesem verbirgt. Der Mensch nähert sich immer weiter, der Tiger gerät in Panik und springt den Eindringling an. Ein schneller Biss in den Hals, ein Hieb mit der mächtigen Pranke, der Eindringling geht zu Boden und der Tiger spurtet durch das Unterholz davon. Für den Menschen eine tödliche Begegnung, für den Tiger reiner Selbsterhaltungstrieb.

Es gibt bei diesem Verdächtigen jedoch einen Punkt, der nicht ganz passend erscheint. Auf Borneo sind heute keine lebenden Tiger mehr bekannt, dennoch gibt es vereinzelte Erzählungen über Angriffe des Setontot auf der Insel Borneo. Nachgewiesen sind auf Borneo Tiger nur aus alten Zahnfunden, lebten dort nachweislich noch vor rund achttausend Jahren, jedoch nicht in jüngerer Zeit nachgewiesen. Dies bedeutet jedoch nicht, dass es in den dichten Regenwäldern auf Borneo keine Population von Tigern geben kann, sondern nur, dass diese dort in jüngster Vergangenheit nicht nachgewiesen werden konnten. Möglicherweise gibt es auf Borneo eine kleine Population endemischer Tiger, wie es einige Kryptozoologen und Naturschützer aus Indonesien vermuten, nur konnten diese zoologisch (noch) nicht nachgewiesen werden. Dass es in nicht allzu ferner Vergangenheit auch auf Borneo Tiger gab, steht nach Funden außer Frage. Unmöglich ist dies nicht, da es auf allen benachbarten Inseln bis ins 20. Jahrhundert hinein Populationen gab, von denen der Java- und der Balitiger durch intensive Jagd als ausgerottet gelten. Für den Balitiger gibt es, obwohl dieser bereits in den frühen 1940er Jahren als ausgerottet galt, Meldungen über Sichtungen bis in die späten 1970er Jahre hinein. Und Bali ist im Vergleich zu Borneo eine kleine Insel, der tropische Lebensraum auf Borneo ist hundertfach Größer.

Leider gibt es über das exakte Verbreitungsgebiet der Tiger in Indonesien nur unzureichende Daten ab dem Ende des Zweiten Weltkriegs. Während des Krieges wurden sämtliche alten Aufzeichnungen durch die japanischen Besatzungstruppen konfisziert und gingen in den Kriegswirren verloren. Viele Indizien auf das ehemalige Verbreitungsgebiet der Tiger gibt es heute nur noch in Form von ungenau datierten und örtlich nicht mehr exakt nachvollziehbaren Jagdtrophäen in Form von Tigerfellen in Museen und privaten Sammlungen. Vermutlich waren Tiger noch in jüngster Vergangenheit (18. bis frühes 20. Jahrhundert) fast in ganz Südostasien verbreitet.

Auch wenn heute auf Borneo keine Tiger mehr nachgewiesen sind, behalten wir den Tiger dennoch als Verdächtigen im Hinterkopf, da es möglicherweise dennoch eine verborgene Population geben könnte.

Aber Tiger sind nicht die einzigen Verdächtigen, auch wenn diese in der Akte Setontot den Spitzenplatz einnehmen, möglicherweise sogar mit einer kryptiden Art auf Borneo.

Unser nächster Verdächtiger für die Hintergründe, die hinter den Geschichten um den Setontot stehen könnten, ist ebenfalls ein massives Muskelpaket, mit mächtigen Pranken, gewaltigen und scharfen Krallen und einem mehr als kräftigen Gebiss ausgestattet. Das Tier ist ebenfalls für den Menschen direkt gefährlich, seine Angriffe enden ebenfalls meist tödlich.

Der Malaienbär (*Helarctos malayanus*), oder auch Sonnenbär genannt, erreicht eine Körperlänge zwischen einem und eineinhalb Metern. Sie haben ein kurzhaariges, schwarzes Fell und auf der Brust einen halbmondförmigen Fleck in heller Farbe aufweist. Charakteristisch für diese Art sind die lange Zunge, die kleinen und runden Ohren, die großen, gebogenen und spitzen Krallen. Die nackten Sohlen der Tatzen sind eine Anpassungen an die kletternde Lebensweise dieser Bären, die ihre Schlafnester in den Bäumen bauen.

Er kommt sowohl auf der malaiischen Halbinsel, Sumatra und auf Borneo vor. Gegenüber dem Tiger ist der Malaienbär jedoch nicht so scheu und hält sich auch in der Nähe menschlicher Siedlungen auf. Als nachtaktiver Allesfresser schläft dieser meist während des Tages auf Bäumen. Dennoch kommt es immer wieder zu ungewollten Begegnungen zwischen Mensch und Bär.

Interessant im Bezug zum Setontot, außer dass dieser die körperlichen Merkmale besitzt, um die beschriebenen tödlichen Wunden zu reißen, ist sein Verhalten bei Bedrohungen. Er stellt sich auf die Hinterbeine und macht sich damit Größer, fletscht dabei seine messerscharfen Zähne und schlägt dann zu. Jene Verletzungen, die auch bei etlichen Begegnungen mit dem Setontot beschrieben werden, entsprechen genau dem, wenn eine Malaienbär angreift. Mit seinen Pranken und den scharfen Krallen kann er tiefe Wunden reißen.

Die Bestände des Malaienbären sind heute bedroht, da seine Innereien in der asiatischen Medizin als Heilmittel gelten. In Südostasien gilt er als Schädling, da er Schäden in Kokosplantagen anrichtet und deswegen bejagt wird. Jungtiere werden auch als Haustiere gehalten, um später wegen ihrer angeblich heilenden Eigenschaften geschlachtet zu werden.

Malaienbär (Foto: Frank C. Müller)

Gebiss des Malaienbären (Foto: J. Patrick Fischer)

Ein weiterer extrem verdächtiger Anwärter auf die Hintergründe des Setontot ist der sogenannte Schwarze Panther, bzw. der normal gefärbte asiatische Leopard (Panthera pardus), wobei die schwarze Färbung der Leoparden im südostasiatischen Raum dominant ist. Der Schwarze Panther ist identisch mit dem normal gefärbten Leoparden, jedoch bewirkt eine genetische Variation, dass viele der Jungtiere mit einem schwarz ausgeprägten Fell geboren werden, während das restliche hellgefleckte Fellmuster fast gänzlich überdeckt wird. Diese Farbvariation des Leoparden kommt im südostasiatischen Raum vermehrt vor, so dass man früher sogar von einer eigenen Art ausging.

Leopard und Schwarzer Panther[4]

---

[4] Foto: n.a. / Bildquelle: www.1zoom.me/de/wallpaper/344838/z1392.8

Ebenso wie der Tiger ist auch der Leopard eine gefährliche Raubkatze, die sich aggressiv verhält, wenn diese sich bedroht fühlt. Immer wieder kommt es zu tödlichen Zwischenfällen, wenn sich Leoparden bedrängt fühlen und sich mit ihren scharfen Krallen und den mächtigen Zähnen verteidigen. Ihr Lebensraum sind die dichten Regenwälder, doch Konfrontationen mit dem Menschen kommen immer wieder vor.

Allerdings gibt es bei diesem Verdächtigen eine offene Frage der tatsächlichen Verbreitung, wo heute noch Leoparden in Indonesien existieren. Auf der malaiischen Halbinsel sind Leoparden beheimatet, auf der Insel Java, die unterhalb von Sumatra liegt, gibt es heute noch eine kleine Population einer endemischen Unterart, den Java-Leoparden. Betrachten wir jedoch das Gebiet des Setontot, müssten Leoparden aber auch auf Sumatra und Borneo beheimatet sein. Da Leoparden auch auf Java leben, ist also davon auszugehen, dass zumindest in der Vergangenheit auch auf diesen beiden Inseln Leoparden lebten. Doch gibt es hierfür keinen schlüssigen Beweis, dass es auf Sumatra und Borneo heute noch eine Population dieser Tiere gibt. Wie bereits erwähnt, fehlen für die Zeiträume vor 1945 sämtliche Aufzeichnungen, da diese in den Kriegswirren verloren gingen. Es ist daher durchaus im Bereich der Möglichkeiten, dass es zumindest noch bis zu Beginn des 20. Jahrhunderts Leoparden auch auf Sumatra und Borneo gab, diese jedoch schon während der Kolonialzeit durch massive Jagd verdrängt wurden, möglichweise auch noch früher durch die einheimische Bevölkerung. Nach dem Weltkrieg gibt es jedoch keine konkreten Hinweise mehr, dass dort noch Leoparden leben. Alles was dafür sprechen würde ist eine Handvoll an unbestätigten Zeugenberichten, die Leoparden auf Sumatra gesehen haben wollen.

Sollte es dennoch eine kleine verborgene Population oder Einzeltiere dort geben, wären dies heiße Anwärter auf den Setontot. So müssen wir diese jedoch, mit Ausnahme der malaiischen Halbinsel, wo Leoparden nachweislich existieren, als OOPS[5] (*Out of Place Sightings*) betrachten. Möglicherweise gibt es sowohl auf Sumatra als auch auf Borneo noch kleine Reliktpopulationen weniger Tiere, die sich in den letzten Jahrzehnten erfolgreich vor dem Menschen verbergen konnten. Und da man diese dort nicht erwartet, wären tödliche Begegnungen natürlich umso überraschender. Auf jeden Fall gehören Leoparden in den engeren Kreis der Verdächtigen, deren Angriffe als Hintergrund des Setontot-Mythos angesehen werden können.

Andere Raubkatzen, wie etwa die Asiatische Goldkatze oder der Nebelparder, die in südostasiatischen Regenwäldern zu finden sind, scheiden als Setontot-Hintergrund aus, da diese alleine schon aufgrund ihrer Körpermaße nicht in der Lage wären, die dem Setontot zugeschriebenen Verletzungen hervorzurufen.

Werfen wir einen Blick auf jene Geschichten, in denen die Giftigkeit des Setontot erwähnt wird, wird es etwas komplizierter. Denn außer einigen Erzählungen, die mir durch verschiedene Personen zugetragen wurden, gibt es hier keine weiteren Erkenntnisse, vor allem in Bezug auf die Wechselwirkung zwischen Verletzungen und Giftigkeit. Sind die Opfer aufgrund von schweren Verletzungen in Verbindung mit Gift gestorben, oder war ein giftiger Biss alleine die Todesursache?

---

[5] Out of Place Sightings: Sichtungen von Tieren an Orten, wo diese eigentlich nicht vorkommen sollten.

Potentiell für den Menschen hochgiftige Tiere gibt es im Regenwald Südostasiens in Unmengen. Giftspinnen jeder Größe, von wenigen Millimetern bis zu mehreren Zentimetern groß, dazu giftige Insekten, giftige Frösche und eine Vielzahl hochgiftiger Schlangen. Nur fügen diese allesamt keine schweren Verletzungen zu. In Südostasien gibt es offiziell jährlich mehrere dutzend Tote, die durch giftige Tiere getötet werden. Diese Gefahren sind bekannt und sollten eigentlich auch bei der Landbevölkerung als erklärende Todesursache ausreichend erkannt werden. Doch welche giftigen Tiere können hier ausschlaggebend für eine Legendenbildung sein, dass die Toten wohl innerhalb weniger Sekunden oder Minuten nach einem Biss sterben, so dass man dies mit dem Setontot in Verbindung bringt?

In der Tat gibt es ein Tier, das sowohl extreme Giftigkeit, Schnelligkeit und Größe in sich vereint, um als möglicher Hintergrund in die Geschichten um den mythischen Setontot einzugehen. Eine extreme Giftschlange, die es mit ihrer Größe mit großen Würgeschlangen aufnehmen kann, deren Biss jedoch, an einer ungünstigen Stelle platziert, innerhalb kürzester Zeit tödlich endet. Die Königskobra (Ophiophagus hannah), die im gesamten Verbreitungsraum der Legenden des Setontot heimisch ist, ist mit Längen von über fünf Metern die größte Giftschlange der Welt. Während große Pythons als Würgeschlangen ihre Beute umwickeln und damit töten, darunter gelegentlich auch Menschen, ist der Biss der Königskobra eine schnelle und dennoch wirksame Waffe. Ihr Gift setzt auf mehrere Arten an, da es sich um einen wahren Giftcocktail handelt, der die Nerven lähmt und zum Organversagen führt, aber auch das Gewebe rund um die Bissstelle zersetzt. Dabei verfügt die Königskobra an sich nicht einmal über das giftigste Toxin, es gibt wesentlich giftigere Schlangen, aber sie verfügt über die größten Giftdrüsen aller

Schlangen und kann damit eine ungleich größere Menge Gift in die Blutbahn der Opfer während eines Bisses einspritzen. Unbehandelt und ohne Antiserum ist der Biss meist innerhalb kurzer Zeit tödlich, bei Bissen im Halsbereich und in Herznähe reichen wenige Augenblicke. Man sagt dem Gift der Königskobra nach, dass dieses sogar Elefanten töten könne.

Königskobra

Überhaupt ist die Königskobra eine ungewöhnliche Schlange, denn sie ernährt sich im Regelfall nicht von Säugetieren, sondern ist eine Schlangenfresserin. Sie frisst andere Giftschlangen, aber auch Pythons und Warane mit enormer

Größe. Daher die enorme Giftmenge und Intensität des Giftes. Sie selbst ist immun gegen Bisse anderer Giftschlangen.

Was sie allerdings mit dem Mythos des Setontot in Verbindung bringt, ist ihre Fähigkeit den Oberkörper bis zu einer Höhe von zwei Metern aufzurichten und sich damit auf Kopfhöhe eines Menschen zu bringen. Fühlt sie sich bedroht, stellt diese den Nackenschild auf und richtet sich auf, um größer zu erscheinen. Sie begegnet dem Gegner auf Augenhöhe. Wer jetzt nicht schnell genug den Rückzug antritt, wird mit einem blitzschnellen Vorschnellen angegriffen und im Kopfbereich gebissen. Denn trotz ihrer Größe ist die Königskobra agil und schnell. Die Bissstelle verfärbt sich innerhalb kürzester Zeit dunkelblau bis schwarz.

Als ich erstmals von den Legenden über den Setontot hörte, hatte ich damals bereits die Vermutung, dass der Name Setontot in der Sprache der Ureinwohner ein lokaler Begriff für den Angriff einer großen Königskobra sein könnte. Die Schlange lauert am Boden, bis sich ein unvorsichtiger Mensch nähert. Daraufhin richtet sie sich auf, droht kurz und schlägt blitzschnell zu. Allerdings hat diese Vermutung einen Haken, denn in den meisten Geschichten über den Setontot wird von schrecklichen Wunden berichtet. Doch der Biss der Königskobra sieht zwar extrem bösartig und schlimm aus, aber er hinterlässt keine tiefen und stark blutenden Wunden. Dies passt nicht wirklich ins Bild der Beschreibungen über die Angriffe. Dennoch gehört die Königskobra in den engen Kreis der Hauptverdächtigen. Vermutlich ist sie sogar der reale Kern der Legenden, bevor die Geschichten durch das Erzählen weiter ausgeschmückt wurden. Diesen Punkt werde ich etwas später nochmals aufgreifen.

Weitere Schlangen indes kommen als mögliche Ursachen der Legendenbildung nicht in Frage. Diese sind zu klein (Giftschlangen) oder große Würgeschlangen töten ihre Opfer auf andere Art und Weise, als dies nach den Beschreibungen auf den Setontot zutreffend wäre.

Da vor allem die nötige Körpergröße, Kraft und entsprechende Zähne oder Krallen/Klauen ausschlaggebende Kriterien sind, kommen wir, nachdem wir weitere Schlangen neben der Königskobra ausschließen können, zu einigen Verdächtigen, die solche Attribute aufweisen. Großwarane sind in Südostasien, speziell in Indonesien, weit verbreitet. Nicht umsonst lebt der berüchtigte Komodowaran (Varanus komodoensis) in Indonesien, auf den Kleinen Sunda-Inseln Komodo, Rinca, Gili Dasami, Gili Motang und der Insel Flores. Sein Verbreitungsgebiet wird auch auf benachbarten Inseln genannt, wo es immer wieder Sichtungen des Komodowarans geben soll, diese konnten jedoch nicht bestätigt werden. Ebenso wie einige unbestätigte Meldungen aus Borneo. Mit seinen drei Meter Körpergröße und seinen scharfen Krallen wäre er allerdings ein ernstzunehmender Kandidat als Ursprung der Geschichten über den Setontot.

Allerdings spricht sein nachgewiesenes Verbreitungsgebiet gegen diese Annahme, da die Regionen, in denen der Setontot bekannt ist, im nördlichen Teil Indonesiens liegen. Man könnte eventuell anführen, dass sich verborgen auch in diesen Regionen kleine Populationen des Komodowarans gebildet haben, bzw. dort noch heute leben, allerdings ist dies sehr spekulativ. Zumal es im Verbreitungsbereich des Setontot noch einige weitere große Warane gibt.

Komodowaran

Komodowaran

Der Bindenwaran (Varanus salvator), der jedoch im Gebiet vorkommt, in dem auch der Setontot sein Unwesen treibt, ist mit bis zu drei Metern Körperlänge ebenfalls ein gewaltiger Vertreter der Echsen. Er ist zwar vom Körperbau nicht so wuchtig wie der Komodowaran, bringt es allerdings bei Ausnahmeexemplaren auf beinahe die selbe Körperlänge. Bindenwarane sind tagaktive Allesfresser und in ihrem Lebensraum aktive Jäger, die auch Aas nicht verschmähen.

Bisse des Bindenwarans sind sehr schmerzhaft und können starke Gewebeschäden bedeuten, daher ist sein Biss gefürchtet. Anders als sein Verwandter, der Komodowaran, verfügt der Bindenwaran jedoch nicht über aktive Giftdrüsen, so dass sein Biss nicht zwangsläufig zu einer Vergiftung führt, allerdings kann sein Biss schwere Blutvergiftungen nach sich ziehen, es wird auch von übertragenen Krankheiten berichtet, da beim Biss Bakterien und Krankheitserreger anderer Beute übertragen werden können.

Gefährlicher als sein Biss indes sind seine Krallen. Der Bindenwaran verfügt über große und scharfe Krallen, mit denen er auf Bäume klettert, aber auch im Boden scharrt und vergrabene Beute ausgräbt. Diese Krallen sind messerscharf und können tiefe Wunden reißen. Im Kampf und bei der Verteidigung setzt der Bindenwaran diese auch entsprechend ein. Fühlt sich ein Bindenwaran von einem großen Tier oder einem Menschen bedroht, kommt es vor, dass dieser sich auf seine Hinterbeine stellt, um bedrohlicher zu wirken, und schlägt wild mit den Vorderbeinen um sich. Schwere und mitunter tödliche Verletzungen sind die Folge eines solchen Angriffs, weshalb der Bindenwaran auf der Liste der Verdächtigen steht. Solche Angriffe auf den Menschen sind selten, kommen aber vor und sind dokumentiert.

Bindenwaran (Foto: Carlos Delgado)

Im Kampf zwischen zwei Waranen oder mit anderen Tieren ist dieses Verhalten nicht ungewöhnlich. Kämpfen zwei Warane miteinander, springen diese sich an und kämpfen mit Zähnen und Klauen auf den Hinterbeinen stehend. Schwere Verletzungen sind oftmals die Folge eines solch brachialen Kampfes.

Steht ein großes Exemplar eine Bindenwarans auf seinen Hinterbeinen und schlägt um sich, erreicht der Bindenwaran eine Höhe von etwa 1,50 Metern, also exakt jenen Bereich im Brust, Hals und Kopfbereich eines Menschen, abhängig von dessen Körpergröße. Die Verletzungen entsprechen in vielen Punkten jenen, die auch von Angriffen des Setontot berichtet werden. Und sein Verhalten passt recht gut zur Beschreibung, dass sich der Setontot vom Boden erhebt und seine Opfer anspringt.

Kämpfende Warane

Alle hier genannten Vertreter sind Hauptverdächtige, was den Ursprung und den Hintergrund vieler, wenn nicht aller Berichte und Geschichten über den Setontot anbetrifft. Diese vereinen viele der Merkmale auf sich, die dem Setontot zugeschrieben werden. Die hier genannten Verdächtigen kommen im Verbreitungsgebiet des Setontot-Mythos vor, wenn auch in einigen Gebieten nur bedingt oder nicht nachgewiesen, auch wenn es Indizien dazu gibt. Dies besagt jedoch nicht, dass diese tatsächlich auch für alle beschriebenen Angriffe verantwortlich sind. Es wäre durchaus im Bereich des Möglichen, das hinter dem Mythos des Setontot auch noch andere Tiere stehen, die nicht unbedingt in das Muster der Tatverdächtigen passen. Oder Tiere, die bislang noch nicht bekannt sind, da diese als eigene Art noch nicht zoologisch entdeckt werden konnten. Dies ist zwar unwahrscheinlich, aber nicht unmöglich. Immerhin werden in den südostasiatischen Lebensräumen auch heute noch unbekannte Arten entdeckt und neu beschrieben. Gerade die Regenwälder können noch so manches Geheimnis vor dem Menschen verbergen.

Sollte sich tatsächlich hinter den Legenden des Setontot eine unbekannte Art verbergen, so wäre diese zumindest sehr wahrscheinlich mit den Hauptverdächtigen verwandt, denn die Indizien sprechen für sich. Dies wäre zumindest denkbar, dass es dort in den Wäldern noch kryptide Verwandte der Verdächtigen gibt.

In den Legenden der Ureinwohner Südostasiens gibt es schließlich nicht nur den Setontot, dem dieser kleine Beitrag gewidmet ist, sondern ein ganzes Pantheon an mystischen und auch mythologischen Wesen.

Erschwerend für eine exakte Spurensuche kommt hinzu, das während meiner Recherche und Forschungsarbeiten keine wirklich verwertbaren Untersuchungen der Opfer auffindbar waren. Alle Beschreibungen beruhen ausschließlich auf Erzählungen und Beschreibungen der Bevölkerung. Nicht exakt nachvollziehbare Todesfälle werden gerne mit der genannten Vielfalt an mystischen Wesen verglichen, was bereits eine statistische Auswertung sehr erschwert. Für meine Nachforschungen zu diesem faszinierenden Wesen musste ich mich auf Berichte stützen, wovon ich den grundlegenden Kontext aus 72 Erzählungen zusammengetragen habe. Aus diesen Erzählungen wurden die tödlichen Verletzungen herangezogen, die das Grundlagenmuster für meine Untersuchung und Eingrenzung der Verdächtigen bilden. Es mag dort noch wesentlich mehr Berichte und Erzählungen über den Setontot geben, die von mir herangezogenen 72 Fälle, basierend auf Erzählungen, waren jedoch detailliert genug, um ein Muster herauszubilden. Die tatsächliche Zahl aller dem Setontot nachgesagten Angriffe bleibt unbekannt, mit einer hohen Dunkelziffer.

Leider war es mit nicht möglich ein Opfer persönlich in Augenschein zu nehmen, einzig einige Fotografien von möglichen Opfern standen mir zur Verfügung, die deutlich schwere Verletzungen im Halsbereich zeigen, die dem Setontot nachgesagt werden.

Es ist dazu problematisch, das nachträgliche Untersuchungen der Opfer nicht mehr möglich sind, da diese aufgrund des heißen Klimas recht schnell bestattet, bzw. verbrannt werden. Nur in wenigen Fällen gibt es überhaupt dokumentierte gerichtsmedizinische Untersuchungen, da viele Opfer auf dem Land nur oberflächlich untersucht werden. In den Totenscheinen steht als Ursache nicht „Setontot", sondern ein Angriff wilder Tiere. Diese Todesursache wird oftmals nicht weiter untersucht, denn Angriffe von Wildtieren gehören in den Regenwaldgebieten zur Routine. Tödliche Zwischenfälle sind keine Seltenheit, da der Mensch sich den Lebensraum mit einer Unmenge potentiell gefährlicher Tiere teilt.

Meine persönliche Auswertung des Materials indes ergibt, trotz des hohen spekulativen Faktors, eine handfeste Spur, die auf die genannten Hauptverdächtigen verweist. Es wäre natürlich eine faszinierende Vorstellung dahinter, wenn sich die Verdächtigen nicht so klar hätten herausfiltern lassen, das wir es hier mit einer gänzlich unbekannten und phantastischen Kreatur zu tun haben, möglicherweise einem Mischwesen, wie dem geflügelten Gott Garuda oder eine Mischung aus Schlange und Tiger. Aber die Faktenlage ist klar, zumindest was die möglichen Hintergründe der Legende betrifft.

Als ich in die Geschichten um den Setontot eingetaucht bin, wurde ich natürlich mit der Geschichte Südostasiens, speziell mit der indonesischen Geschichte, konfrontiert. Zwangsläufig musste ich über die japanischen Besatzer während der Kriegsjahre stolpern, die im Regenwald ihre Stellungen und Lager aufgeschlagen haben. Immerhin waren im betreffenden Gebiet über mehrere Jahre hinweg zehntausende japanische Soldaten stationiert. Meine Recherchen führten zum Ergebnis, das sich die Soldaten vor einem Wesen fürchteten, das auch der einheimischen Bevölkerung als Teufel des Waldes bekannt war. Dieser Teufel des Waldes ist indes identisch mit dem Setontot, wie dieser in einigen Regionen ebenfalls benannt wird. Damit war zumindest belegt, dass es die Legenden über den Setontot auch schon eine lange Zeit vor dem Weltkrieg gab. Die genauen Ursprünge ließen sich jedoch nicht mehr nachvollziehen, da es abgesehen von überlieferten Erzählungen keine bestätigten Aufzeichnungen zu geben scheint.

Aber genau diese Erzählungen haben den bereits erwähnten Nachteil, dass es sich um Erzählungen und Geschichten über die Opfer handelt, der eigentliche Verursacher jedoch nicht erkannt werden konnte. Wenn der Setontot zuschlug, gab es keine Zeugen, die das phantastische Wesen erblickten und überlebt haben. Aus den Geschichten spricht natürlich eine große Portion Aberglauben, denn faktisch sind Tierangriffe zwangsläufig nicht immer tödlich. Man schreibt dem Wesen jedoch nur jene Fälle zu, wo man den Verursacher nicht einwandfrei erkennen und somit das Opfer auch keine Hinweise mehr auf dessen Identität geben konnte.

Laut Legende bedeutet bekanntlich eine Begegnung mit dem Mörder am Boden den sicheren Tod. Wer nicht sofort stirbt, verendet innerhalb kurzer Zeit an den Folgen der Begegnung. Der Setontot bleibt ein böser Geist, der unerkannt wieder im Wald entschwindet.

Wer natürlich überlebt und das Tier beschreiben konnte, bzw. Zeugen während des Angriffs zugegen waren, die das Tier erkannten, so kann der Verursacher direkt benannt werden. Dies jedoch bedeutet, dass man einen bösen Geist ausschließen kann.

Eine Zwickmühle, die gepaart mit dem Aberglauben der Bevölkerung zur Bildung von Legenden und Mythen führt.

FAZIT

Die Besonderheiten im Fall des Setontot machen dieses kryptide Wesen faszinierend. Im Falle eines normalen Kryptiden gibt es diverse handfeste Indizien, wie Augenzeugenberichte des Aussehens, Fotos, Videos, Spuren, Felle und dergleichen. Der Setontot indes bildet hier eine Ausnahme, die für die Ermittlungen nicht unbedingt vorteilhaft sind, denn offensichtlich gibt es keine Beschreibung des Wesens selbst. Die Kreatur wurde im besten Fall als entfernter Schatten beschrieben, der sich blitzschnell mit den Schatten des Waldes verschmelzen und somit verschwinden kann. Alles was von der Existenz des Setontot zeugt sind seine Opfer und die Geschichten über dieses Wesen.

Als ich diesen Kryptiden auf meine Rechercheliste für meine Forschungsreise durch Südostasien im Herbst 2013 setzte, war mir bereits vorab klar, dass es nicht einfach werden würde, der Fährte dieses Wesens zu folgen. Zu wenige fundierte Fakten, die nur durch Gespräche vor Ort ergänzt werden konnten. Keine wirklich verwertbare Daten, alles nur ein großes Puzzle aus wenigen Quellen, die ich im Laufe der Jahre vorab zusammentragen konnte. Die besten Anhaltspunkte, wo ich mit meiner Suche vor Ort beginnen konnte, waren jene Daten, die im Jahr 2006 erhoben wurden, als man nach dem *Orang Lenggor* suchte. Um die Geschichte des *Orang Lenggor* wurde es im Nachhinein ziemlich still, nachdem sich herausstellte, dass etliche angebliche Fotografien nur Fälschungen waren. Dennoch gibt es die vorhandenen Daten der Schauplätze, wo man damals suchte und die Hinweise auf den Setontot dokumentierte.

Am Ende meiner damaligen Forschungsreise hatte ich immerhin einen ganzen Stapel an Daten zusammentragen können, die noch ausgewertet werden konnten. Aus dem gesammelten Material konnten immerhin jene 72 Fälle nachvollzogen werden, die mir als Grundlage der weiteren Spurensuche dienten.

Vor allem muss man die Traditionen und den Glauben der Bevölkerung achten, die sich diesem Lebensraum angepasst haben. Und dieser Raum ist faszinierend genug. Auf der einen Seite Megastädte wie Singapur und Kuala Lumpur, doch nur wenige Kilometer jenseits der Stadtgrenzen findet man noch dichte Regenwaldgebiete. Doch der Regenwald ist bedroht, durch die Industrialisierung und die stetig wachsende Ausbreitung des Menschen, der dort Raubbau an der Natur betreibt. Sowohl der ehemals mächtige Wald als auch die darin lebenden Tiere werden immer weiter verdrängt. Und dennoch sind diese letzten zusammenhängenden Regenwaldgebiete Hotspots des Lebens, in denen man immer noch unbekannte Arten entdeckt. Hier bleibt nur zu hoffen, dass die Regierungen und Menschen vor Ort mehr Schutzgebiete schaffen, in die sich das vielfältige Leben zurückziehen und erhalten kann.

Nach den gesammelten Beschreibungen konnte ich schließlich einen groben Steckbrief erstellen, welche Kriterien mit dem Setontot in Verbindung gebracht werden und in welchen Gebieten die Geschichten über diesen verbreitet sind.

Da es keine Beschreibungen des Wesens selbst gibt, sondern ausschließlich jene Spuren, an denen seine potentiellen Opfer starben, war für die weiteren Ermittlungen kriminalistisches Gespür gefragt.

Wie ich bereits weiter oben schrieb, ging ich am Anfang davon aus, dass es sich beim Setontot wahrscheinlich um Begegnungen mit einer Königskobra handeln müsse. Das beschriebene Verhalten, dass der Setontot am Boden lauert und dann seine Opfer anspringt und tötet, passt ziemlich genau auf das Verhalten der Königskobra. Erzählungen über giftige Bisse des Setontot scheinen dies zu erhärten. Und die Königskobra ist in allen Gebieten, wo auch der Setontot in den Geschichten und Legenden auftaucht, heimisch und verbreitet. Tödliche Zwischenfälle mit Königskobras kommen durchaus vor, sind aber selten, da die einheimische Bevölkerung diese Schlangen nicht bejagt und diesen aus dem Weg geht, da die Königskobra als nützliches Tier gilt. Immerhin vertilgt die Königskobra andere Giftschlangen, die wesentlich gefährlicher sind als die eigentlich scheue Königskobra.

Etwas überraschender war dann die Auswertung der Daten, denn in weniger als fünfzehn Prozent der Fälle wurde überhaupt der giftige Biss des Setontot erwähnt, somit fiel die eigentliche Vermutung in der Indizienkette in sich zusammen. Die häufigste Todesursache war kein giftiger Biss, sondern schwere Verletzungen im Bereich der Brust, des Halses und des Kopfes. De beschriebenen Wunden schienen von einem kräftigen Tier mit starkem Gebiss und mächtigen Krallen verursacht worden zu sein.

Während der weiteren Überprüfung und im Datenabgleich kristallisierten sich die Hauptverdächtigen klar heraus, die körperlich und vom Verhalten her in der Lage waren, solche Wunden zu verursachen und zudem in den betreffenden Regionen vorkommen.

In Anbetracht des vorhandenen Materials und der Indizienkette sind die Hauptverdächtigen als Ursache hinter den Legenden des Setontot die wahrscheinlichste Erklärung.

Aber wie ich ebenfalls bereits schrieb, sind dies nur die wahrscheinlichsten Faktoren für die Erklärung. Es besteht durchaus die Möglichkeit, dass es in den Wäldern Südostasiens noch unbekannte Tiere gibt, die ebenfalls als Verursacher einiger der Verletzungen in Betracht kommen. Nur ist dies eine unwahrscheinlichere Konstante, da es eben auch die bereits bekannten Tiere gibt, die solche Verletzungen mit Todesfolge hervorrufen können und nach dem Gesetz der Wahrscheinlichkeit herangezogen werden.

Da der Setontot an sich nichts weiter als ein Phantom aus der Legendenwelt der Bevölkerung darstellt, das man unter anderem Kindern erzählt, damit diese sich vor den Gefahren des Waldes hüten, bleiben alle Erklärungen dennoch nur reine Spekulation. Einen wirklichen Beweis für die Existenz des Setontot gibt es nicht, wenn man von den Opfern absieht. Doch gerade diese Opfer deuten darauf hin, dass es sich beim Hintergrund der Legende um reale und bekannte Tiere handelt, während der Setontot eher sinnbildlich als Erklärung steht.

Damit bleibt als Fazit festzuhalten, dass es sich beim Setontot wohl ausschließlich um ein soziologisches Phänomen handelt, das Ereignisse zusammenfasst und diese quasi dämonisiert. Viele Einzelereignisse, die durch Erzählungen zusammengefasst werden und eine Eigendynamik entwickeln.

Ähnliche Phänomene sind weltweit bekannt. Als bestes Beispiel aus dem Bereich der Kryptozoologie kann man hier die Geschichte des *Chupacabras* heranziehen. Ebenfalls ein Wesen mit Eigendynamik. Viele Einzelereignisse werden auch hier zusammengefügt und mit einem mystischen Wesen in Verbindung gebracht, dass die Menschen aus Geschichten und Erzählungen kennen. Nur dass die Geschichten über den *Chupacabras* sich durch die modernen Medien auf einen großen Bereich verteilen, während der Setontot eher im regionalen Gebiet beschränkt bleibt.

Am Ende haben die Geschichten über den Setontot und den *Chupacabras* viele Gemeinsamkeiten. Bei beiden Kryptiden werden reale Tiere, die den Hintergrund der Erzählungen, Meldungen und Berichte bilden, zu einem mystischen Wesen deklariert, das aus Legenden und Geschichten bekannt ist. Doch konkrete Überprüfungen der Einzelfälle lassen sich fast ausnahmslos auch rational erklären.

Die Geschichten um den mysteriösen Setontot, den Mörder am Boden, bleiben dennoch faszinierend, auch wenn am Ende nach den Gesetzen der Wahrscheinlichkeit kein unbekanntes Wesen dahinter steht. Die Regenwälder Südostasiens bergen auch so noch so manches Geheimnis, das der Entdeckung harrt...

QUELLENVERZEICHNIS

- Coleman, Loren, *In Search of the Malaysian Setontot*, 2006, cryptomundo.com/cryptozoo-news/search-setontot
- Mohd, Haikal Mohd Isa, *New Species Awaits Discovery In Endau-Rompin National Park*, Bernama News, 2006
- Chow, Vincent, *The Malaysian Bigfoot*, Johor Hominid, 2006
- Schneider, Michael, *Der Setontot*, Der Kryptozoologie-Report, 2006
- Schneider, Michael, *Setontot – Legende oder Wahrheit?*, Der Fährtenleser, 2007

DANKSAGUNG

Ich möchte mich an dieser Stelle bei allen Personen bedanken, ohne deren Unterstützung die Nachforschungen und die Projektarbeit zur Umsetzung des Projekts nicht möglich gewesen wären. Daher meinen Dank an alle Personen, mit denen ich während der letzten Jahre zum Thema in Korrespondenz stand und die mir wichtige Informationen zum Ansatz meiner eigenen Forschungsarbeiten geben konnten.

Da dem Thema der Kryptozoologie in Deutschland nur geringes Interesse und Akzeptanz beschieden ist, möchte ich mich auch herzlichst bei allen Freunden und Bekannten bedanken, die meine Arbeiten unterstützen, auch wenn die öffentliche Resonanz eher gering ausfällt.

Dieser Titel ist Begleitmaterial zur Medienreihe

HIDDEN CREATURES
Verborgene Wesen

www.twilightline.com

HIDDEN CREATURES
Verborgene Wesen
EINE
TWILIGHT-LINE MEDIEN
PRODUKTION
WWW.TWILIGHTLINE.COM
WWW.KRYPTOZOOLOGIE.NET
WWW.BUCH-WASUNGEN.DE

DER AUTOR

Michael Schneider, Jahrgang 1971, befasst sich seit mehr als 25 Jahren mit der Methodik der Kryptozoologie. Themenschwerpunkte sind europäische Kryptiden, Hominologie und mythologische Wesen und deren Hintergründe.

9 783966 890922